# 東日本大震災と子ども

## ～3・11 あの日から何が変わったか～

宮田美恵子著

日本地域社会研究所

表紙カバーデザイン・本文イラスト／本田麗子
写真／宮田美恵子

# 目次

# まえがき

　東日本の大震災に日本中が悲しみの底に突き落とされました。自然の前ではなすすべもない人間の限界を、まざまざと突き付けられた思いがいたします。私たちはともすれば複雑な人間社会の出来事に目を奪われ、それが世界のすべてのように思いこんでいる人間のおごりへの警告とも感じました。自然に対する畏れ、自然とともに生き、生かされている存在であることを忘れてはいけないと、思い知らされたように思います。

　そのような悲しい東日本の大震災の犠牲者に大勢の子どもたちも含まれています。難を逃れて避難所で暮らしている子どもたちの中には大好きな親を津波で流され、食べ物も喉を通らぬような悲しみの中で過ごしている子どももいます。深い悲しみの中にいながら、大人が悲しみから立ち直れないのを目の当たりにして、食事を配ったり、お年寄りをいたわったり、避難所のゴミを拾い、お手洗いの掃除をしたりと、かいがいしく働く子どもたちの姿に熱いものがこみあげました。子どもたちのけなげな姿に大人たちも、少しずつ希望を取り戻していきました。

大震災から四年を経た今も、自宅に帰れず避難所暮らしを続けている人々も多いと聞きます。まだ復興の工事が立ち遅れている地域も残っています。しかし私たちはこの震災を決して忘れません。被災地に思いをはせ、被災した子どもたちや大人たちにエールを送りりづけます。

本書は、被災した人々、子どももお年よりも、希望を失わず、前向きに生きていただきたいという願いを込めてつくられました。

被災したみなさまのことを、私たちは忘れません。どうか、希望を失わず、強く生きてほしい、私たちにもその苦しみを分けてほしいと願っております。

一日も早い復興を祈りつつ……。

平成二七年十一月三日　内田伸子（発達心理学者）

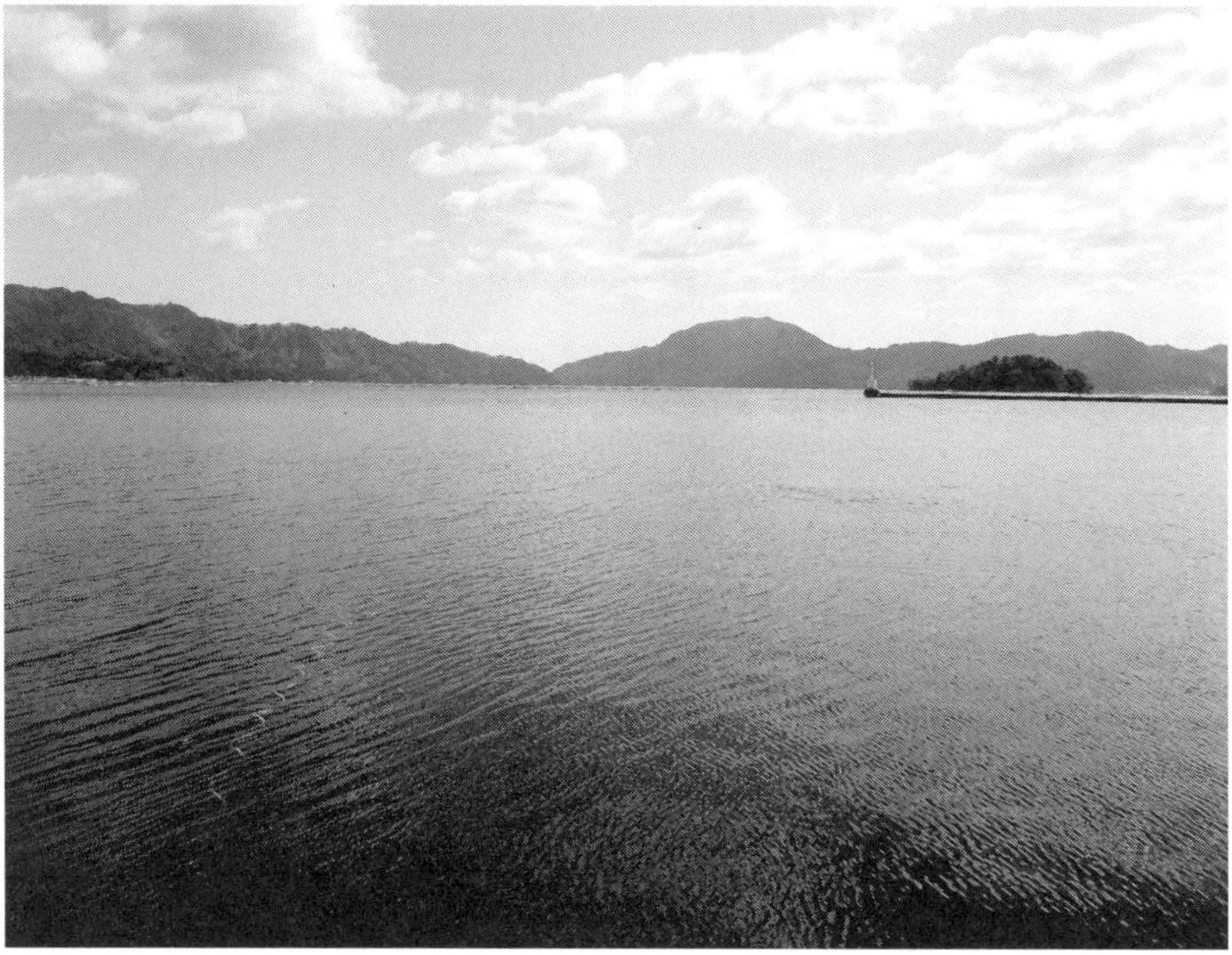

# 第一部

# 東日本大震災・ともに生きる

## 小学生向け

岩手県三陸海岸にある山田町は、漁業が盛んなまちです。カキやあわび、ウニなど、たくさんの魚や貝がとれます。

２０１１年（平成23年）３月11日、この地に大きな地震と津波が起こりました。

保育園に通うゆきちゃんは、漁師の父さん、母さん、じいちゃん、ばあちゃんと一緒に海の近くの家に住んでいました。

「ゆきー、おはよう、朝まだよ（朝ですよ）、さあ起ぎて起ぎて」

子ども部屋の窓からは高く上った太陽が照りつけています。

「わあ、まっぺい（まぶしい）」

「おはよう」

ゆきちゃんは、漁から戻ったばかりの父さんたちと、家族で朝ご飯を食べます。

「今、じいちゃんが採ってきたわかめ入ってたぞ（入ってるよ）」

味噌汁のいい匂いが、部屋中に立ち込めています。ゆきちゃんは、みんながそろうこの時間が大好きです。

今日は隣りまちに用事のある母さんに送ってもらい、ゆきちゃんは保育園に行きます。父さんたちはまた海へ、みんなそれぞれに出かける時間です。

「ゆき、今日もいっぺい遊んでこ（今日もたくさんあそんでおいで）」

じいちゃんがゆきちゃんのほっぺに指を当てました。

「行ってこう（行ってらしゃい）」

とばあちゃん。

ゆきちゃんは

「行ってくっから（行ってきまーす）」

とみんなに大きく手を振りました。

ゆきちゃんは、母さんと一緒に、リアス式のキラキラ光る山田湾を横目に見ながら、高台にある保育園に向かいます。海にはたくさんのカキ棚が見え、もう働いている人たちもいました。

保育園に着くと、大好きな園長先生にごあいさつをして、友だちのたっくんたちと一緒に遊びはじめました。雪がチラつき、息も真っ白になる寒い日ですが、鬼ごっこをして走りまわったので体はポカポカです。

そうしてお昼には、母さんが作ってくれたお弁当を食べました。食べ終わったらお昼寝の時間です。

子どもたちがすやすやお昼寝をしていたその時、

ガタガタ……ドーン……！

と、大きな音がして体が揺れるのを感じ、皆びっくりして飛び起きてしまいました。

すると、いつもは優しい担任のゆう子先生が厳しい目をしています。


ゆきちゃんもたっくんも、先生の目をみて、きっとこれから大変なことが起こるのだと感じました。

「頭を隠して!!」

「頭巾かぶって！　早ぐっ！」

という真剣な声に、みんな黙って先生の言う通りにしました。


揺れがだんだん大きくなり、おさまったと思うとまた次の揺れがやってきました。

しばらくの間、みんな不安げに様子をうかがっていました。先生にしがみついたままの子どももいます。

地震から40分ほど経ったころ、外から

「津波だ！　津波が来だぞーっ！」

「高げえ所さ（高いところへ）逃げろ！　保育園さ逃げろ、早ぐーっ！」

と叫ぶ大人たちの声が、あちこちから聞こえてきました。ゆきちゃんは胸がドキドキしました。

山田湾にあるオランダ島と名づけられた島のもっと向こうの海に白い波が立ち、黒い壁になって大津波がグングン押し寄せてきました。その壁はまるで黒い怪獣のように見えました。

海の近くに住んでいる人や外で仕事をしていた人たちは、大慌てでゆきちゃんたちのいる高台にかけ上がってきました。

また、高台の人たちは、津波に追われ必死で逃げ惑う人たちに

「早ぐ逃げてーっ!!」

「早ぐーっ!!」

と、みんな頭が割れるほどの大きな声で呼びかけました。

「一人でも逃げろよー、戻ったらだめだぁ！」

「頑張れー!!　頑張れー!!」

と。

そのころ、母さんが出かけたまちも大混乱になっていました。

母さんは安全なところに避難することができましたが、ゆきちゃんのことが心配で心配で仕方ありません。保育園に電話をかけてもつながりません。

母さんはいてもたってもいられず、保育園に行こうとしましたが、ゴーゴーッ、ばりばりばりっと音を立てて津波が流れ込み、家も車も流され、人も呑み込まれていくのですから、どうにもなりません。

母さんは転んでひどいケガをしましたが、痛みさえ感じませんでした。それよりもどんなことをしてでも、ゆきちゃんのところへ行こうと必死でした。

坂を駆け下りようとした時、

「だめだ！　行ぐな！」

とまちの人に腕をグッとつかまれました。

「自分べえても助かんねえば（自分だけでも命を守らねば）」

「そうだよ、津波てんでんこだ！」

母さんは

「ゆきーっ!!」

と叫びました。

津波がおさまって夕方になったころ、まちは黒い怪獣が暴れたせいでメチャクチャになっていました。家や商店、公園も道路も、もうそこにはありませんでした。

さらに火事が起こり、まち中が燃え始めたのです。

「うちらの家、燃えでだあ（私たちの家が燃えてる……）」

と、誰かがポツリと言いました。

ゆきちゃんとたっくんは、先生や大人の足にぎゅっとしがみつきながらその光景を見ていました。

　ますます激しくなった火事は夜空を真っ赤に染めつくして、まるで真夏に見る大きな花火のように人々の顔を赤く照らしました。大人たちもただ茫然と立ち尽くすしかありませんでした。

「ああ…　私らのまちが…　」

「父さん、母さん、生きっだか？　早くむかえさ来で（生きているの？早くむかえにきて）！」

　同じころ、母さんも隣のまちで同じ夜空を見ていました。

「ゆきは何でもなぐでいだが（無事でいるだろうか）」

　母さんは、心配で心配でたまりません…　。わが子が生きているのかさえわからないのですから。

「ゆき……必ずむかえに行ぐがら待ってろ（待っててね）…　ゆき、生きでろ！（生きて！）」

　そう言うと母さんは、ケガのためにその場に倒れこんでしまいました。

　そして、父さんも別の場所で家族を探し回りながら、同じ空を見上げていました。

　次の日になっても、そのまた次の日になっても、母さんはゆきちゃんのところに来ませんでした。

　いつもはすぐ泣く泣き虫のゆきちゃんなのに、泣くこともありませんでしたし、地震の日からずっと何も話しませんでした。

　周りでは警察や自衛隊の人たちが一生懸命働き、各地からボランティアがぞくぞくとやって来て、被害に遭った人を手伝ってくれました。地震と大津波にあった大人たちは、悲しみの中でもそうした人たちに「ありがとうございました（ありがとうございました）」と深い感謝を伝え、黙々と現実に立ち向かいました。

壊れた家や家具を片づけたり、掃除をしたり、見つからない家族を探しにも行かねばなりません。やることは山のようにあるのです。

それでも文句を言う人はだれ一人いません。子どもたちも同じでした。

大人たちはとても忙しそうです。子どもたちは、子どもどうしであそんだり、配られた真っ白なおにぎりを食べ、避難所となった保育園での時間を過ごしていました。

すると地震から何日めかの朝、園長先生とゆう子先生が今にも転びそうになりながら走ってきて、息を切らしながら、

「ゆきちゃーん！　母さん来だよ！」

と言ったのです。

「ゆきーっ!!」

と大声で呼ぶ母さんの声も聞こえました。

あの日から何も話さなかったゆきちゃんが、

「母さーん！」

とひとこと言って、母さんのところへ走っていきました。

「ゆき、ごめんね、ごめんね、もうぜったい離さねけ（離さない）！」

ゆきちゃんは、母さんのやわらかくて温かい胸にぎゅーっと抱きしめられました。

ゆきちゃんは、母さんの肩越しに、園長先生と目を合わせました。園長先生は真っ赤な目で、ゆきちゃんは小さな目で、お互いを深く見つめ合いました。

二人とも黙って、ただ見つめ合いました。

うしろで、ゆう子先生が微笑んでいました。

このたびの大きな地震や津波による災害は、「東日本大震災」と名づけられました。

ゆきちゃんの家族は父さんもじいちゃんたちも無事でした。でも、大きな地震と津波の後、今でも母さんのむかえを待っている子もいます。

ここにいるみんなは、一人ひとり、大切な自分の命を守ることができました。みんなには今、命があります。生きている私たちは、困ったときには周りの人に手を差し伸べて、助け合って共に生きていくことができるのです。そして、たくさんの方が犠牲になった、東日本大震災のことを決して忘れてはなりません。忘れることは、復興が遠のくことです。

地震は、またやってきます。
その時、あなたには何ができますか。

秋田から応援しています。
がんばろう!釜石
がんばれ!!
みんなで釜石
がんばれ東日本!
んばろう 釜石

第二部

中学生向け

# 復興、ある子どものまなざし

ＮＨＫテレビ「視点論点」２０１２年３月放送より

東日本大震災発生から一年が経過しようとしています。

私たちの想像を超える被害をもたらした、このたびの地震や津波は、少なくともそこに暮らす人の数だけ、それぞれ異なる苦しみや悲しみを残したことでしょう。

その全てを知ることはできませんが、私が子ども支援を通して知り合った、ある小学5年生の女の子に焦点を当て、彼女の目に映った地震・津波、子ども自身、家族や友だち、学校、まちや社会をご紹介します。

子どもの語りの中に、復興への願いと心の回復の兆しが垣間見えます。

石井仁一さん
木村昭治さん
木村光子さん

北日本銀行
いさみ

私は、２０１１年3月末から現在まで、東京と岩手県の沿岸部、宮古市と釜石市を往復しながら子どもたちと本を読んだり、あそぶ中で彼らの語りを耳にしてきました。また、携帯電話のメールでやり取りし、関わりを深めてきました。

メールは単なる連絡用のツールではなく、辛いことやうれしいことなど、思いを自由に表現し、瞬時に伝え共有することのできる手段として、子どもたちの心の回復に役立ったと思います。

　さて、上の写真をごらんくださ
い。
　これは3月の末、地震発生から
2週間めころに、私が初めて出
会った子どもたちです。幼稚園に
通う年中児のももちゃんと小学校
5年生のゆりちゃん、かすみちゃ
ん、はなちゃん、中学校2年生の
かえでちゃんの5人の仲良しグ
ループです。
　お腹を抱えて笑い合っている彼
女らをご覧になって、どのような
印象をもたれるでしょうか。
　彼女たちもそれぞれに喪失体験

| 1．喪失 | |
| --- | --- |
| 外面的対象喪失 | 内面的対象喪失 |

↓

| 2．対象喪失反応 |
| --- |
| 対象喪失直後のパニックや反応のこと |

↓

| 3．悲しみの仕事 |
| --- |
| 対象喪失反応に時間をかけて対処していく心のプロセス、喪失からの精神的回復・再生するための手段。 |

をしました。例えばこの後、メールをご紹介するかすみちゃんは、現在、両親と妹、弟との5人家族で仮設住宅に暮らしています。生まれ育った家を流され、ひいおばあちゃんや友だちをなくしました。この明るさはもちろん本物ではありません。その裏返しの大きな悲しみと憤りを表しています。

「笑わなくちゃやっていられなかった」と彼女たちが言うように、まさに人間が大切な人や物などをなくす喪失体験をした時、悲しみや苦しみを乗り越えて、自分を再

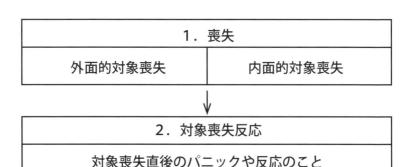

構成していくための心的プロセスで、「悲しみの仕事（S.Freud）」（表）をしている最中なのです。

そして悲しみで心がパンクしてしまわないように、大騒ぎしたり大げさに笑ったりすることで、心のバランスを保っている、それがこの笑顔です。子どもの小さな胸の中に、どれほど大きな葛藤があるのかがうかがえます。

それでは笑顔の前後の、子どもたちの様子を振り返ってみます。

まず、地震が起こったとき、5年生の子どもたちは学校の教室内

にいて、地球が割れると思うほどのすさまじい音を聞き、教室の床が割れたため校庭に移動。
津波から逃れるために、坂を駆け上がって行く低学年児童を見送りながら、順番を待つもどかしさと、目の前に迫る黒くて巨大な物体と化した津波に追われる恐怖を体験しています。
避難所に入ってから泣くほかには、毎日ボーッとして過ごしたそうです。しばらくの間、話をする人は誰もいませんでした。
中学生の女の子は、朝から晩ま

で野球のボールを壁当てして過ごしたと言います。
　誰も何も話さない沈黙が続く中、写真のようにかろうじて笑顔を浮かべることができるようになったのは、後に仲良しグループとなる子どものうちの一人が、「あそぼっ」とポツリと言ったのがきっかけでした。
「友だちと一緒にいると、泣きたいのは自分だけじゃない、みんな同じなんだ、となぐさめられた」
「この仲良しグループに出会えなかったら、自分は元気が出せな

かったと思う」と子どもたちは振り返っています。
こうして、前を向いていこうとする子どもたちの様子を、以下、小学五年生のかすみちゃんの言葉でご紹介していきます。

地震から5カ月経過した8月のメールです。


✉今日悲しい夢を見ました…。

箱崎にあった今はもうない家に戻っている夢でした。なぜか学校から元の家のほうに帰ったら家が戻っていたので、大事なものを集めてゆっくりしていたら津波が来て…。

大事なものを持って逃げましたがそれを落としてしまい、ああっと思って目が覚めました。

実際と同じなんですよ。大事なものはなくしたけど、命は助かった……。


時として日常と非日常が交錯しています。

揺れる心を支える家族との様子を書いたメールがあります。

✉ 岩手県には美味しいものいっぱいありました。秋になると、赤ちゃんを産むためにサンマや鮭がやってきました。私のお父さんは漁師でしたので、両方とも生のまま捕ってきてもらいました。イカ釣りにも行きました。舟に乗っていい～っぱいライトつけて…　ということをやりました。だから太るんですよね…　。

漁師のお父さんとそのお手伝いをするかすみちゃん。豊かな自然と温かい家族に包まれて、大切に育てられたことがわかります。

また、ある夏の晩、次のようなメールが届きました。

✉こんばんは。
ただいま花火中でーす。そんなに大きくはなかったですが、
とってもキレイでした(^O^)

私は、このメールをもらった時、かすみちゃんの心に季節を楽しむスペースができたのだと感じ、とてもうれしかったのを覚えています。
そして私も彼女たちと同化して、頭の中で一緒に花火を見ました。

9月（6カ月経過）になりました。

✉今日は防災の日…　関東大震災のあった日…。
私たちと同じ思いをした人がいる…　心が痛みます。
忘れたいけど、語り継がなければならない（なければならない）
また同じ事が起こった時、　多くの死者を出してしまうから
忘れてはいけないんです。

11月（8カ月）には、

✉テレビでみんな「復興!! 復興!!」と言っていますが…。海に船が出ただけ、カキ小屋が違う場所に立っただけなんです。ニュースなどでは復興してる所だけを写しているんです。

あれから8カ月、釜石はどのように変わったのか？ がれきが消えても被災者の心の傷は消えていないんです。

このメールからは、マスメディアが創り出す、現実と一部乖離した復興ムードに対する、彼女の深い憤りが伝わってきます。

復興とは、何か。

現実には、その定義はとても難しいと思います。

9カ月経った12月

✉ みなさんの心のこもった手紙、励ましのメッセージなど、たくさん頂いています。

心の優しい方がたくさんいます。

優しく見守っていてくれる、それがいちばんの支援、復興への近道だと私はおもっています。


としっかりした考えをもっているかすみちゃん。

新しい年を迎え、10カ月が経過した2012年元旦。

✉今年もよろしくお願いします。
今年は日本が平和で、誰も涙を流さない年でありますように……。

そして

✉今、頑張って手紙を書いています。
「みなし仮設」の問題、「転校生への支援」を取り上げて書いています。市や県が解決してくれない問題を、子どもたちが目を向けてそれを考えてもらえるように。

いかがでしょうか。

かすみちゃんは、嘆き悲しむ段階を乗り越えて、少しずつ自分の気持ちを整理し、周囲の仲間や家族の大切さを再確認しました。そして、身近なまちや社会にまで目を向けることができるようになってきました。

今、子どもたちに大切なのは、大規模で遠い復興よりも、そしてサプライズなイベントよりも、まずは何気ない日常生活を取り戻すことです。そのためには、かすみちゃんの言葉を借りれば、みんながこのたびの地震や津波被害を忘れることなく、被災地とそれ以外の地の人々と気持ちが共にあるように、意識格差を作り出さないことです。それが復興につながるのだ、と彼女は私たちに語りかけているように思います。

# 第三部

# 大震災と子ども同士のレジリエンス

高校生〜大人向け

## 一人ひとりの経験

２０１２年３月11日に、東日本大震災が発生しました。たくさんの方が亡くなり、暮らす場所をなくしました。そして大切なものを喪う体験をした子どもたちの心は大きく傷つきました。中でも保護者を亡くした子どもは、１５００人以上になるといわれています（厚生労働省発表・２０１１年９月30日時点）。

多くの子どもにとって初めてともいえる学校での大規模災害の経験。傷ついた子どもたちの心や体をどのようにケアすればよいのかということを、地震大国に暮らす私たちは真剣に考えていかなくてはなりません。

この度の地震はもとより、今後も起こりうる大災害の後、大人は子どもたちにどのように寄り添い、支援することができるのでしょうか。その答えを探すには手がかりが必要です。災害で傷ついた子どもたちの心の中には、一人ひとり違った思いがあるはずです。すべての子どもの心を癒すために、誰にでも同じ方法が当てはまるわけではありません。だからこそ、子ども一人ひとりの言葉を紡いで蓄積し、そこから手がかりを得ることから始めなくてはならないと思います。「被災地の子どもたちは今」という、被災した子どもを一括りにした情報だけでは不十分なのです。

子どもたちのためにできることをしたいという思いから私は、ボランティアとして、また大災害後の心のケアについて手がかりを得るために、子どもの安全研究に関わる一人の研究者として、3月の末に被害の大きかった東北地方の沿岸部に向かいました。

災害の直後には、アンケートやインタビューで子どもを調査することはできませんから、彼らの心と体の様子を知りできることをするために、私は子どもたちの生活に寄り添うことから始めました。子どもが多く避難しているいくつかの避難所で、絵本の読み聞かせやあそび支援をおこないました。

滞在中には、毎日たくさんの子どもたちと、サッカーをしたり、遊び道具を作るなどして関わりを深めていきました。

私が被災地から東京の住まいに戻っている際には、子どもたちから手紙や、携帯電話の電子メールが毎日欠かさず何度も送られてきて、時には経験した恐怖のことや、悩みを告白されることも多々ありました。

まだ郵便や宅配便が届けられない、あるいは不安定だった時に現地を訪れる際には、私の住まいの近くや、関東の子どもたちからのメッセージが書かれた手紙や絵、千羽鶴などを預かり届けることもありました。

それから、文具や衣料などの支援物資などを持ち込んだ時には、避難所の子どもたちと仕分けをして、それを必要としている人を探し一緒に分配したりもしました。

そうした関わりを通して知ることとなった、同じ学級内で地震と津波を体験した、ふたりの小学校５年生の女の子について、いくつかのエピソードを紹介したいと思います。

ひとりはひいおじいちゃんと、生まれ育った自宅をなくした女の子、ハルちゃん。もうひとりは、おばあちゃんと親友をなくした女の子、アキちゃんです（どちらも仮名です。またエピソードの掲載は本人たちとその保護者に了解を得ています）。

---

震災から約2カ月が経った5月上旬。地震や津波に遭った直後の混乱や、戸惑い、憤りに比べると、子どもたちも表面的には、わずかながらも落ち着きを取り戻しつつあるように感じました。地震や津波の話を子どもたちの口から聞くことも多くなってきました。

ハルちゃん、アキちゃんのほか、同級生のいく人かは、避難所から仮設住宅に移動し、同じエリアに暮らしていました。

ある休日の午前、アキちゃんの家族が暮らす仮設住宅に、ハルちゃんや他の友だちが遊びにきました。

このころの子どもたちは、アイドルのまねをしてはしゃいだり、地震や津波のことを話すときは、興奮気味に大振りな身振り手振りでリアルに当時を再現して見せたりするので、まるで被災したことを忘れているかのように明るく楽しそうにしていました。

けれどその大振りな仕草や表現は、忘れることのない恐怖や、ため込まれた憤りを吐き出すようでもありました。その心の中に、私たちには計り知ることのできない、深い悲しみや憤りを抱えているのでしょう。

友だちと笑って過ごすことで、かろうじて子どもたちは恐怖の体験を思い出さずにいられるのであり、また反対に、みんなが学校で同じように体験したからこそ、彼女たちはあえて恐ろしい記憶に触れることができるようです。そうした体験の話をすることで、体にため込んだストレスを吐き出し、心のバランスを取ろうとしているとも言えるでしょう。

「笑えるようになったのは、友だちがいてくれるから。一緒に遊ぼうって言ってくれるから」

そうアキちゃんが言ったとき、ハルちゃんは少し考えるようにしてこう言いました。

「私は津波の後、性格が変わった。前はクールであまり話さなかったけど、今はぜんぜん違う。細胞が入れ替わったのかな……。細胞が爆発して、言いたいことが言えるようになった。前はぜんぜん言えなかった」

ハルちゃんは学級の中でも、リーダー的な存在だろうと私は感じていましたが、「これまではそうではなかった」と、戸惑いながらも自己分析をしています。

ハルちゃんというひとりの人間を構成している細胞の一つひとつが爆発し、自分ではない誰かに取って代わられたかのようだと感じているのかもしれません。

言い換えると、「違和感」を体の中に抱え込んだように、〝私ってどうなっちゃったんだろう、自分じゃないみたい、なんか変な感じなんだ……〟と体の中で起こった変化を持て余しているかのようなのです。

これが不安材料となり、自信を喪失してストレスになっていったと考えられます。

私から見えるハルちゃんと、彼女自身が話す自己像とには大きなギャップが感じられ、その違いがあの日に受けた衝撃の大きさを物語っているようでもありました。

## 「いじめ」と「八つ当たり」

学校が再開されて1カ月ほどが経ったころ、学級の女の子の間で、地震以前にはなかった「いじめ」がおこり、仲良しのグループにも変化がありました。

「いじめ」という言葉のなかには、いろいろな意味が含まれています。それぞれ異なる状態や行為でありながら、それをひとつの言葉で表現することや、様々な要素を含んだまま一律に扱うことには問題があります。

いじめの定義は「一定の人間関係のある者から、心理的、物理的な攻撃を受けたことにより、心理的な苦痛を感じているもの」であるとされています。またそれが「いじめ」に当たるかどうかの判断は、いじめられた子どもの立場に立っておこなわれるものです（文部科学省）。

仮設住宅の中庭で住宅内の子どもたちと遊ぶため、自宅でアキちゃんと他の仲間を待っているときに、ハルちゃんが話し始めました。

「いやなんだもん。みんなねえ、学校行くと親なくした子とか、仮設とか、いろんなことでイライラしてるから、八つ当たりされる。私も八つ当たりされた」

「みんな被災したのに八つ当たりされるの？　いじめ？」

そう私は返しました。

「てゆうか、八つ当たりするんだ。よくわかんない、もともと悪いやつだ」

ハルちゃんは私が使った「いじめ」という言葉を、「八つ当たり」という言葉に置き換えました。けれど、ハルちゃんは苛立ちを隠しませんでした。

「そう。だけどそれが言えないの。言ったら逆にいじめられる。なんていうか、今は支配者みたいになった子もいる」

「弱肉強食……」

アキちゃんも相づちをうちます。

「ピラミッド型になってるから、強い人、その次に強い人ってわけられていて、強い人が弱い人いじめるんだよね。」

「私たちパシりだね、とにかく」

以前は「言いたいことが言えなかった」といっていたハルちゃんは、

「(ピラミッドの)まん中のほうかな、今は」

と、学級内の力関係について自分は中くらいだと言っていますが、アキちゃんは、

「ハルちゃんは上のほうかもしれない」

と言い、周囲はハルちゃんをヒエラルキーの上位だと思っているようで

した。

「でもブルーだ……。テンションあげろって言われればあげられるけど、なんていうんだろ……なんかねえ、ブルーだよ」

大切なものをうしない、傷ついた心をいやすため、人間の感情は悲しんだり後悔したり、憎んだり、責めたり、様々な感情体験をします。それらがいじめという形で表出したのだと考えられます。

ハルちゃんは、それを「八つ当たり」と表現していることから、自分に向けられた仲間の不愉快な行為の原因が、地震や津波などで肉親をなくしたことなどからきていることを理解していることがわかります。

また本人も「細胞が入れ替わった」と表現するほど、あの日を境に自分の中で大きな変化がおこったということを実感しているのです。

それほどの影響を与えた出来事を同じように体験していることで、ハルちゃんは仲間の変化を理解することができるのでしょう。

また、変化した仲間の姿は、ハルちゃんにとっては自分自身の姿でもあります。

鏡に自分の姿を映すように、相手の姿を見て自分にどんな変化が起きているのか、その大きな変化の原因を理解し、またその異変は自分だけに起こっているわけではない、ということに気づくきっかけになっているのです。そうして、安心感をも得ているのでしょう。

ハルちゃんが私の言った「いじめ」という言葉を、「八つ当たり」という言葉に置き換えたのは、ハルちゃんの仲間にたいする共感や思いやりの表現であり、そして自分自身にたいする思いでもあるのです。

言いたいことが言えるようになったハルちゃんなのに、「ブルー」になっているその理由は、仲間によるいじめ行為そのものにではなく、むしろ、地震や津波の影響で傷ついた心によって起きた、八つ当たりなのだとわかっているからです。だからこそ相手をとがめることもできず、それがジレンマとなり重たく雲が垂れこめた梅雨空の様に、晴れないブルーな気持ちになっているのです。

ただ、ハルちゃん自身も無意識に会話の中で「いじめ」という言葉を使っている様子から、「いじめ」を受けていると思っていることが見て取れます。「いじめ」は、恐喝・強要・傷害罪など犯罪性をもっています。一方で「八つ当たり」は相手に関係のないことにもかかわらず、怒りなどの感情をぶつけることで、相手がそれを引き受けてくれるという前提でおこなうことがあります。

そこにはお互いの間に甘えや優しさが見えて、犯罪性は感じられませんが、相手がイヤだと思えばそれも「いじめ」と呼ばれる行為の一部と言えます。

教室内の人間関係や構造、自分の思いに対して、「本能」や「弱肉強食」という単語などを使いこなす彼女たちは、「いじめ」という行為に犯罪性があることを、どこかで知っています。そのうえで、あえて「八つ当たり」と表現しているのです。

「いじめ」という言葉で、目の前に起こっている全てのことを一括りにできないことがわかります。

私は、子どもたちの間で起こっているいじめは、家族の被災程度にもよるのではないかと考えていました。

ハルちゃんが津波被害について話したときのことです。

「被害の程度は、みんなもおんなじくらい被害に遭ってる、家がある子もいる」

「そういうことで差がついちゃったりするかな」

「ああ、なんていうんだろ、そういうのはないけど……。みんな同じ経験したんだから。みんな仲良くしたらいいよねえ。みんなおんなじなんだもん。でも、なんかね……ストレスだ……」

それぞれに被害の違いはあるものの、それよりも「みんなが同じ体験をした仲間だ」という意識があるようです。

そこにアキちゃんが荒々しく、苛立ちながら加わりました。

「ストレス発散だ！　私も同じ悩み。親が亡くなっちゃった子もいるんだ、津波で。それで、津波にのまれる前よりもすごいきつくなってしまって、蹴ってきたり…口を押えてきたり！　なんせピラミッドの一番上だもん。」

そう言ったアキちゃんにも、そしてその語られた子にも、抱え込んだ大きな憤りや怒りが感じられます。

子どもたちの話から、震災を境に子どもたちの力関係が変わっていったことを伺わせます。しかしそれは、悲しみなのか、怒りなのか、絶望のためなのかはわかりません。

そこには、複雑にからみあった感情が、子どもの小さな体の中で消化しきれずに渦巻いているようです。

## 「別れたらいけない仲間」

震災から6カ月が経った9月。夏休みをさかいに、学級内の様子も落ち着きを取り戻してきたのか、子どもたちの間にいじめに関わる話題が持ち上がることはなくなったように感じました。それよりも、秋に学校でおこなわれる修学旅行の話でもちきりになり、どんな服装にしようか、なにを持って行こうかと相談したり、行き先はどこだろうと、予測して楽しんでいました。

けれど、余震は半年たっても変わらずに続いていました。

ハルちゃんはしばしばやってくる大きな余震に、あの日の様子がフラッシュバックして腰をぬかして歩けなくなったり、母親の足にしがみついたり、絶叫してとまらなくなることもあると、お母さんが話してくれました。

こうした中で、来春からどこの中学へ入学するか、という話になりました。

アキちゃんたちの通っている仮設の小学校は、余震の続く中、海岸近くの平地に建てられていて、多くの人々の命を奪った海と震災を強く思い出させるような、今はない住宅の前や積み上げられた瓦礫の山々を横目にしながら歩かなければなりません。

アキちゃんの母親は、この震災で母親、つまりアキちゃんのおばあさんをなくしています。母親をさがしながら、たくさんのご遺体を目にしました。

そうした場所に、近づくこともできなくなった人は少なくありません。Z中学校は、その仮設小学校の近くにあり、また同じような津波がくれば大きな被害を受けてしまう心配があります。

「絶対！　Z中学へ行く！」

ハルちゃんとアキちゃんは、声をそろえてそういいます。

それを聞いたアキちゃんのお母さんは困り顔です。

「お母さん、心配で頭がはげたらどうするの……」

「はげたら？　笑ってあげる、絶対にZ中学校へ行く！」

「そう、絶対！」

「みんなと離れたくない。バスケ部に入るんだ」

「うちは吹奏楽部。絶対離れない。うちらは別れたらいけないんだ、一緒だからいいんだよ」

ハルちゃんもアキちゃんも、大きな恐怖や悲しみを受けたにもかかわらず、また、お母さんに内陸部にある別の学校へ行くようにいわれても、沿岸部にあって今はなくなった家の近くのZ中学校へ行くと言い張りました。

そこには、この大きな自然災害を経験した友だちとの別れをなにより避けたいという強い思いを感じます。

さらに言えば、ただ別れが寂しいというだけでなく、同じ体験がつなぐ共感と連帯感の中で、お互いに許し合い、甘え合える自分の居場所だと確認できたのでしょう。そして、それが一緒に危機を乗り越えていく力になると信じているのです。

話は少し逸れますが、かつて集団食中毒で大部屋に搬送された子どもたちとその保護者の家族間には連帯感が生まれて、お互いから心理的サポートが得られたという報告があります。

それと同様に東日本大震災でも、学校で同じ経験をした子ども同士、相手の変化を知り、それによって自分の心の中で起きたことを理解することで、共感と連帯感をいだいていたと考えられます。いじめを含む様々な出来事が、一緒なら乗り越えられるという自信をつくりあげたのでしょう。

## 共感と子どものちから

こうして子どもの様子を見守っていく中で、彼女らが、子どもたち自身で傷ついた心の修復をおこなっていく様子を目の当たりにしました。喪失体験から1カ月ほどの時期に感じた明るさや元気な振る舞いは、深い悲しみや悔しさを土台にした空虚な「元気」に他なりません。また、友だちに共感し依存することで、自分は元気だと思いこもうとしていたのかもしれません。その瞬間だけはあの日のことを忘れられるのですから。

それから少し時間が経って落ち着いたころには、苛立ちなどからくるいじめが起こり、戸惑い、混乱しながらも、いじめる友だちに自分を投影することで、自身の状態を理解していきました。

そしてその経験から、自分や相手への理解が深まり、「自信」を取り戻していく様子が見られ、「絶対Z中学校に行く！」「一緒だからいいんだよ」と、前向きな様子が見られるようにもなりました。

これら心の変化の中心には、「共感」があったと考えられます。

最初は他者に依存する形で共感し、自分の心を守りました。次に混乱の中にあって、相手に共感することで自分自身をみつけ、共感から得た自信によって前をむいて進む力になったようです。

子どもたちの心のケアには、おなじ体験をした友だちとの関わりによって生まれる「共感」が、大きな要素になってくるのではないでしょうか。

# 未来にむかって

１９９５年の阪神・淡路大震災以降、マグニチュード7以上の地震発生日時を調べてみますと、阪神淡路では早朝であったために、多くの子どもは自宅で就寝中に地震にあいました。また２００４年の中越地震は土曜日に発生、２００７年の能登半島地震が起きたのは春休み中でした。したがって、子どもたちが学校という同時空で大地震や津波に遭うという状況、経験に基づく知見は多くはありませんでした。被災後の子どもも理解を深めるという意味でも、東日本大震災からの教訓として、彼女らの様子を記録することには意義があると考えられます。

しかし一方では、当事者にとって思い出したくない辛く嫌な経験かもしれません。そうとは言え、未来に向かって生きる子どもたちには、それが悲しく辛い経験であろうともその人生の一コマでもありますから、抜かしたり空白にすることはできないでしょう。それも含めて今この時を精一杯前を向いていこうとする、子どもそのものだからです。それを記録するのは、子どもたちのそばでその言葉を聞いた私たちの役目かもしれません。

大切な人や物をなくす喪失体験は悲しいけれど、それも大事な一人の子どもの一部ですから、その時生きた事実を無くしてはならないのではないでしょうか。それらも含めて未来に向かっていく子どもたちを応援していきたいと思います。

以上のように、学校という同時空で地震と大津波を体験し、記憶を共有した子どもの中でいじめが発生し、子どもたちは、地震前とは違う行動や考えをもったことを少しずつ認識していました。

相手の中の自分を見つめることで、いじめ行為の原因は、地震や津波によって生じた不安などによるストレスが大きく起因していることを、みんなが同じ体験をした仲間なのだからと、理解し合うことができました。

またその姿を見つめることで自分だけが変わったのではないということ

に安心と自信を得て、お互いに支え合う関係となりました。

さらに、自分の存在はこの先も仲間と一緒にいることで、ほかの人の助けにもなるということに気づき、「みんなと同じZ中学校へいく」と、自分で進路を選ぼうともしました。

このことから、同じ体験をした子どもたちが一緒に歩むことが、お互いの心の修復を助ける働きになること、またそれが前へと進む力の源ともなり得ることがわかります。

「八つ当たり」と表現された行動を、「いじめ」という言葉でひとつにまとめて消し去ろうとするのではなく、話を聴くことができる大人、または子どもが話してもいいなと思えるような第三者的な人間がそばにいて、「細胞が入れ替わった」というような子どもの言葉に耳を傾けることが大事です。子どもは同じ経験をした子どもと過ごす中で、自他の変化に気づくことによって傷ついた心が守られ、自ら次に進む手掛かりを得ることでしょう。

このように、子どもの心のケアには、大人による働きかけや手助けだけではなく、同じ経験をした子どもたちがともに過ごす時間も重要なものなのだと考えられます。

ただ大人に守られる受身の存在だけでない、危機を克服しようとする子ども自身の回復力に驚きと安堵をいだきつつ、引き続きの支援と彼ら彼女らの成長を見守っていきたいと思います。

## あとがきにかえて

２０１１年３月、私が震災後まず訪れた東北沿岸部の高台にある幼稚園では、保護者と会えないでいる幼い子どもたちを抱え、励まし見守る厳しい状況にありました。

混乱と喪失感のなかで震災当日からの子どもたちの様子を話して下さった園長先生の姿を忘れられません。私はそれに対し何かしなければならないと思っていました。自分にいったい何ができるのか。できるとすれば、自分が見聞きしたことを書き留め残すこと。私が出会ったのは、被災した子どものほんの一握りに過ぎませんが、「被災地の子どもたちは今」といった、子どもを一括りにした見方だけではなく、目の前の一人ひとりの子どもに焦点を当てたい、あの時、こう考えこう振る舞った子どもがいたこと、その瞬間の言葉の一つひとつ、その基底にある思いを大切に残しておきたいと思いました。

子どもの数だけあるはずの大切なエピソードを、ほかのボランティアの方がたや研究者ら、子どもとふれあった多くの人たちが持ち寄り、積み上げられた時、今後、学校で被災した子どものケアに何か少しでも役立つのではないかと考え、拙著にまとめることにしました。

ここに出てきた子どもたちは皆、仮名ですが、彼女らもまた自分たちよりも幼い子を同じ目にあわせたくない、そのためにできることはないか、自分たちにできることは何か、と考えるようになりました。その一つに、自分たちのことを忘れないでほしい、自身の経験を伝えてほしい、という希望を持つようになったのです。その願いを叶えるためにも、子どもの保護者も了解の下、ささやかな一冊を作りました。

大災害はまたいつどこで起こるかわかりません。以前は手を差し伸べた人が今度は助けられるのかもしれません。お互いのことを忘れずに、いつでもまた人々がつながり合えるわが国の安全文化の醸成に、ほんのわずかでも役立てればと思います。

宮田美恵子

## 著者紹介

### 宮田　美恵子(みやた・みえこ)

略歴

日本女子大学総合研究所市民安全学研究センター研究員。

日本女子大学人間社会学部客員准教授を経て特定非営利活動法人日本こどもの安全教育総合研究所（http//:kodomoanzen.org/）設立。

現在は、順天堂大学医学部協力研究員および同研究所理事長として大学で学生への講義のほか、児童・生徒のための体験型安全学習プログラムの推進、成人を対象とした市民安全のための生涯学習活動にも力を入れている。

新聞・テレビ・ラジオ・雑誌などでも安全教育解説をおこなっている。

NHK テレビ「日曜討論」「視点・論点」「週間ニュース深読み」「あさイチ」

NHK E テレ「エデュカチオ！」ほか出演多数。

著書等

「子どもの安全はこうして守る！」共著　グラフ社　2006

「0 歳からの子どもの安全教育論：家庭・地域・学校で育むしみん・あんぜん力」著　明石書店 2010

ほか

東日本大震災《ひがしにほんだいしんさい》と子《こ》ども

2016年2月18日　第1刷発行

著　者　宮田美恵子《みやたみえこ》
発行者　落合英秋
発行所　株式会社 日本地域社会研究所
〒167-0043　東京都杉並区上荻1-25-1
TEL　(03)5397-1231(代表)
FAX　(03)5397-1237
メールアドレス　tps@n-chiken.com
ホームページ　http://www.n-chiken.com
郵便振替口座　00150-1-41143
印刷所　中央精版印刷株式会社


ISBN978-4-89022-168-4

## 日本地域社会研究所の好評図書

三浦清一郎著…教育学の立場から精神医学の「新型うつ病」に異を唱え、クスリもカウンセリングも効かない「心の危機」を回避する方法をわかりやすく説き明かす。患者とその家族、学校教育の関係者など必読の書！

### 「心の危機」の処方箋　「新型うつ病」を克服するチカラ

46判138頁／1400円

炭焼三太郎編著…昔懐かしい日本のふるさとの原形、人間と自然が織りなす暮らしの原景（モデル）が残る里山。里山資本主義の時代の新しい生き方を探る地域おこし・人生強化書！男のロマン〝山村ユートピア〟づくりを提唱する話題の書。

### 里山エコトピア　理想郷づくりの絵物語！

A5判166頁／1700円

東出融＝文・本田麗子＝絵…山や森・太陽・落ち葉…自然にしか作れない伏流水はすべての生き物に欠かすことのできないごちそうだ。安心して暮らせる地球のために森を守り育てよう。環境問題を新たな視点から描く啓蒙書。

### いのちの森と水のプロジェクト

A5判上製60頁／1800円

みんなで本を出そう会編…一人では無理でも、何人か集まれば、誰でも本が出せる。出版しなければ、何も残らない。しかも本を出せば、あちこちからお呼びがかかるかもしれない。同人誌ならぬ同人本の第1弾！

### 世のため人のため自分のための地域活動　～社会とつながる幸せの実践～

46判247頁／1800円

斎藤祐子著…天と地の無限のパワーを取り込んで、幸せにゆたかに生きよう。人生に平安と静けさ、喜びをもたらす「21の心得」とその具体的実践方法を学ぼう。心と体のトーニング・セラピストがいつでも、どこでも誰にでもできる「Fuji（不二）トーラス呼吸法」を初公開！

### 人生が喜びに変わる1分間呼吸法

A5判249頁／2200円

志田清之著…1日1回で完了するプログラム「サイコリリース療法」は、現役医師も治療を受けるほどの注目度だ。新進気鋭の心理カウンセラーによる心身症治療とその考え方、実践方法を公開！

### 心を軽くする79のヒント　不安・ストレス・うつを解消！

46判188頁／2000円